사랑은 변하지만 사라지는 건 아니다

사랑은 변하지만 사라지는 건 아니다

초판 1쇄 발행 2025년 8월 15일

지은이 강동구
펴낸이 장현수
펴낸곳 메이킹북스
출판등록 제 2019-000010호

디자인 홍규선
편집 홍규선
교정 안지은
마케팅 김소형

주소 서울특별시 구로구 경인로 661, 핀포인트타워 912-914호
전화 02-2135-5086
팩스 02-2135-5087
이메일 making_books@naver.com
홈페이지 www.makingbooks.co.kr

ISBN 979-11-6791-740-9(03810)
값 16,800원

ⓒ 강동구 2025 Printed in Korea

잘못된 책은 구입하신 곳에서 바꾸어 드립니다.
이 책의 전부 또는 일부 내용을 재사용하려면 사전에 저작권자와 펴낸곳의 동의를 받아야 합니다.

홈페이지 바로가기

메이킹북스는 저자님의 소중한 투고 원고를 기다립니다.
출간에 대한 관심이 있으신 분은 making_books@naver.com로 보내 주세요.

사랑은 변하지만 사라지는 건 아니다

강동구 시집

"지금 사랑하라" 시를 쓴 시인의 두 번째 시집
이별을 넘어 성장한 모든 이들을 의한, 사랑 이야기.

메이킹북스

인사말

독자 여러분께

오랜만에 다시 인사의 글을 올립니다. 첫 시집 『사랑이라는 시』 이후 두 번째 시집으로 여러분을 찾아뵙게 되어 감회가 새롭습니다.

이번 시집에도 누구나 살아오면서 경험했을 사랑, 이별, 그리고 그리움에 대한 이야기들을 담았습니다. 때로는 아련하고, 때로는 가슴 저미는 감정들을 저만의 언어로 풀어내려 노력했습니다.

특별히 이번 시집의 시들은 노래 가사로도 많은 사랑을 받았습니다. 실제 AI 가수의 목소리로 불리었고, 유튜브 채널을 통해서도 많은 분들이 제 시를 음악과 함께 접해주셨습니다.

시가 가진 운율과 감성이 음악과 만났을 때 더욱 큰 울림을 줄 수 있다는 것을 깨닫는 소중한 경험이었습니다.

저는 월간문학을 통해 시를 발표하기도 하고, ㈔한국문인협회 시분과 회원으로서 문학 활동에 참여하고 있습니다. 또한 경기문학포럼 수석부회장을 역임했고 현재는 경기아트센터 선임이사로서 우리 문학과 예술의 발전을 위해 작은 힘을 보태고자 노력하고 있습니다.

다시 한번 제 시에 귀 기울여 주시고 공감해주시는 모든 분들께 진심으로 감사드립니다.
이 시집이 여러분의 삶에 작은 위로와 잔잔한 감동으로 다가가기를 소망합니다.

2025년 8월
시인 강동구 드림

목차

인사말 4

제1부 사랑의 아카이브

상처 11 이별의 순간 13 새싹 15 달맞이꽃 16
들꽃 19 별이 진다 20 사랑이라는 말 21 첫눈
에 반했다면 23 안부 24 내 사랑을 확인하는 방법 25
메밀꽃이 달빛을 만났을 때 26 눈물로 지울 수 있을까 27
사랑의 아카이브 29 풀씨 30 첫사랑에게 31 깊
어서 들리지 않을 뿐 33 이별의 단계 34 짝사랑 35
이슬처럼 36 처음에게 37 길 38 어느 날, 별이
된 이야기 39 바닷가에서 40 보고 싶다는 말 42
별똥별 43

제2부 노래가 된 시

돌아와 바보야 46 희망에 대해 48 산이 될게 49 너를 기다려 52 어쩔 수 없는 사랑 53 보여줘 55 나무도 지칠 때가 있나 봐 58 사랑의 감정 60 넌 거기 있어 62 해바라기처럼 64 한 송이 눈, 한 송이 사랑 66 마지막 잎새 69 둘이었다가 70 모른 척해주세요 72 난 몰랐어 74 떠나지 못하는 마음 76 간절한 그리움 78 너였어 80 사랑하는 이유 82 생각이 나 83 야생화 84 먼지가 아니라 조각이었어 86 떠나지 마 88 그리우면 89 망설이지 마 91 사랑이라는 강 94

제3부 어느 날, 별이 된 이야기

배웅 97 첫사랑이 있었다 99 치매 100 선운사禪雲寺 동백 101 눈물 102 사무실에서 103 저녁노을 104 헌화獻花 105 벚꽃이 피는 길 107 돋보기안경 109 미련에 대해 110 강물처럼 112 내 손을 잡아줘 113 길을 잃어도 그리움은 멈추지 않아 115 함부로 사랑한다고 말하지 마라 117 눈물을 가져가라 118

맺음말 119

시평 「사랑은 변하지만 사라지는 건 아니다」를 읽고

· 귀가 순해지는 낭만의 언저리에서 | 최대규 시인 **125**

· 시, 누군가의 마음을 건너는 길 | 이상원 경천초 교장 **130**

· 음표로 쓴 그리움, 시로 피어나 별이 되다 | 조순기 국립공주대학 음대 교수, 사범대학 교육연수원장 **132**

· 사랑과 그리움이 가야금처럼 울리다 | 이명희 경기 명창 **134**

제1부 사랑의 아카이브

상처

첫눈이 오기 전에
먼저 너는 사랑을 보냈구나

자작나무 서성이는 언덕에
산비둘기처럼 울고 있구나

세상에서 가장 큰 고통은
살점이 떨어지는 것이 아니라
마음이 멀어지는 일

쓸쓸한 저녁
바람만 불어도
가슴이 뛰기 시작하는데

모든 대지 위에 생명들이
목마름으로 고개를 떨구고

첫눈이 멀리에서
종소리처럼 내리는 날
바람도 피해가는
길 없는 비탈에서
저벅저벅 오는 그리움이여

이별의 순간

페이드아웃된 거실
바닥에 흩어진 물방울들
당신이 떠난 후,
공기마저 물을 닮아 늘어졌다

물은 과거의 기억을 머금고
차갑게 늘 그러하듯
천천히 주방에서 흘러
텅 빈 공간을 지나갔다

우리의 시간도
물을 잃은 강줄기처럼 적막해졌다

구겨진 종잇조각처럼 누워 있는
우리의 맹세가 자꾸 가슴 끝에서 올라온다

그러나 기억할 것이다

폐허 위에 흐르던 물처럼,
소멸을 앞둔 찰나의 침묵이
이별의 마지막 몸부림이라는 것을

새싹

너는 아무 말 없이
꽃잎 하나를 내 앞에 놓았다

수없이 기다리던 말들이
공중에서 흩어지고

이거 봐 "봄이야"라고 소리쳤다

달맞이꽃

처음 사랑에 빠져
울던 날은 누구도
내 마음을 알아채지 못했다
저녁노을처럼 사랑해야 했다

언덕을 오르고
강변을 거닐면서
모두에 그랬듯이
나에게도 침묵했다

눈물을
가슴에 오래 묻는다고 저절로
별이 되거나 꽃이 되거나
강물로 흐르지는 않는다

길을 걷다
도깨비풀처럼

나중에 내 마음이
발견되기를 바랐다

한 계절이 지나갔다
울고 웃는 형상들이
깊은 호수를 물들게 했다

사랑은 호주머니에 함부로
불쑥 넣을 수 없는 존재였다

비에 젖은 무지개와 같아서

내가 힘차게
언덕을 오르고
언덕 위에 나무를 아무리 흔들어도
달빛이 쏟아지지 않는다는 것을
알았을 때 깨달았다

사랑하지 않고
지금처럼
그리워해야 한다는 걸

들꽃

산을 오르며 숨이 막혀 올 때마다
사랑한다 사랑한다 응원을 해주었던

다 녹아버린 발길로
비틀비틀 찾아가도
산비탈에서 맨발로 뛰어 내려오며
반갑게 웃어주었던

너라면,
밤 새워 술 한잔 나누고 싶어

별이 진다

너무
외로워하지 마

눈 좀 붙여
지나갈 거야
한숨 자고 나면

사랑이라는 말

그 한마디
너무 쉽게 하지 마요
그 말 속엔 내 마음을
다 바치겠단 뜻이죠

조건 없이 안아주고
끝까지 함께하자는 말
그게 바로 사랑이란
말 한마디에 담긴 뜻

그 한마디
가볍게 던지지 마요
내 전부를 주겠다는
약속이 되는 말이죠

기억해줘요
그 말을 아껴두어요

사랑한단
그 말 한마디
바람처럼 속삭이며
외로움도, 아픔마저
덮어주겠다는 뜻이죠

정함 없이 흐르는 날들
마지막까지 함께하자
그게 바로 사랑이란
말 속에 숨겨진 진심 같아요

첫눈에 반했다면

오래오래
너무 생각하지 마

첫눈에 반했다면

그 생각이
깊어지고 깊어져서

단풍잎처럼
마음속까지
온통 붉어지면
더 이상 감출 수 없어

첫서리가 내리기 전
타오르는 그 사랑
감당할 수 없어

안부

안녕이라고 하는지
기다리라고 하는지
산허리 노을을 바라보며
우두커니 서 있었다

사랑을 들켜
꽁꽁 언 강 아래로
울컥하고 쏟아지는 강물

생각이 나고
또 생각이 나도
안부를 묻지 못했다

심장에 머물던 바람
햇살에 빗장이 풀리는데

내 사랑을 확인하는 방법

벗어나, 도망가고 싶어도
이별이 될 수 없는 존재

문을 닫고 닫아도
살며시 햇살처럼 들어오는 사람

강물 위에 붉은 상처도
아름다운 꽃으로 만드는 사람

내 등 뒤에 노을이 진다
밤이 새도록 아프기 시작했다

모든 욕망이 말라버리고
정말 외로워지는 것을 느낄 때
네가 사랑이라는 걸 알았다

메밀꽃이 달빛을 만났을 때

그녀와
헝클어지고 싶다

사랑 듬뿍
동동주 한 잔

세상 눈을 가리고

단둘이
인생이라는
짧은 무대 위에
각본도 없이

달빛에
하얀 속살
부끄럽지 않게

눈물로 지울 수 있을까

가슴, 입술,
부드러운 눈빛

당신이 건네주던
붉은 꽃잎들
부드러운 속삭임까지

눈물이면
모두 잊을 수 있을까

돌아보지 않고
후회하지 않고
그리워하지 않고

고요한 강물
침몰하던 감정까지

아침 이슬처럼
소리없는 눈물이면
다 지울 수 있을까

사랑의 아카이브

가을, 낙엽, 그리고 저녁노을처럼
담장 너머 불어오는 바람
막을 수는 없어

절망, 슬픔, 고독이
까만 숯처럼 타들어가는 밤
달빛처럼 익숙하게
허기진 감정들과 마주하면

청춘에 입맞추며
발효시킨 사랑의 아카이브

사랑이 떠난 지하방에
흔들거리는 전구처럼
눈물에 빠져 본 사람만이 알지

생애 가장 화려한 조명은
그날 빈털터리로 죽었다는 것을

풀씨

그날 밤 그들은
거부할 수 없는 힘으로
나를 깊은 땅속에 묻어버렸지
내가 씨앗인 줄 모르고

일어나, 누가 소리를 쳤어
어둠 속에서 깨어났을 때
마주하는 들판 위에 떨어진 햇살
흔들어도 굴절되지 않은 빛의 노래

세포 하나하나 깃털로 자라고
들불처럼 번지는 혁명
일어나, 누군가의 목소리에 점점 채워지는 울림
세상에 모든 풀씨가 날아올라
또 다른 풀씨가 풀씨를 낳아

누군가 나를 땅속에 묻어버렸지
내가 씨앗인 줄 모르고

첫사랑에게

넌 거기
꽃처럼 있어라

난 꼭 한 번은
네 곁을 지나가리라

아무 말도 없이
너도 모르는 사이에
슬쩍
지나가며

그 향기에
눈물이 주르륵
발길이 무거워도

옷깃 사이
손등을 스치는
바람처럼

인사도 없이

그냥
지나더라도
한 번쯤은
꼭 너에게 가리라

깊어서 들리지 않을 뿐

당신을 사랑한 만큼
한여름 강물은 높아졌다

사랑도 강물 같아서
봇물처럼 터져 나가지 않으면
속으로 속으로 깊어가는 것

매일 보고 싶다
그렇게 큰 소리로 말해도

깊어서 들리지 않을 뿐
깊어져서 소리나지 않았을 뿐

내 어깨를 더듬거리던 안개
색노란 풀꽃들이 흔들리는데
햇살 같은 네가 들어왔다

이별의 단계

아득한 침묵이 되어 버렸다
슬픈 건, 더 이상 나를 찾아오지 않았다는 것
이것이 사랑의 끝이라고는
그저 당신이 숨을 깊이 들이마시고
오래 참고 있을 뿐이라고.
이 고통은 오래가지 않을 거라고,
그렇게 간절히, 미친 듯이 믿고 싶었다.
돌아올 것이라고
붙잡았던 손을 놓아도 이별이 아니듯이

짝사랑

한 방울로도 걷잡을 수 없다는 것을 알면서,
마주치면 숨조차 쉴 수 없다는 것을 알면서,
봇물처럼 터질 것 같은 마음을 감추고 심심하게 휘파람을 불었네
정수리에서 발끝까지 나를 움직일 수 있는 건
오직 당신뿐이라는 것을 알아볼까

이슬처럼

그때 왜 말하지 못했을까
밤을 지새웠다고
차갑게 식어가는 달빛 아래
당신 없는 새벽을 몇 번이나 토해냈다고
목울대까지 차오르는 절규
그저 살며시 이름을 불러보아도
울컥, 눈물샘이 터져버릴 것 같았다고

처음에게

강물은 스스로 가라앉지 않아
상처 입지 않아
갈대를 흔드는 울음 아무리 깊어도

해오라기 한 마리
쉼 없는 물결이 차갑게 발목을 잡고
쓰러지는데

바람이 불어
지상에 꽃들이 다 떨어져도
널 잊은 적이 없어

길

길은 변함이 없다

떠나는 사람에게 출구이고
찾아오는 사람에게 입구가 될 뿐

누군가에게 돌아가는 과거이고
누군가에게 목적지로 가는 안내자가 된다

무게를 비우고
속도를 멈추고
큰 정자 위에 앉아 오순도순
붉은 씨수박을 잘라먹는 여름에
시원한 소낙비처럼 머물고 싶다

길가에 핀 들꽃들이
길이 보여도 떠나지 않는 것처럼

어느 날, 별이 된 이야기

기억하고 있을까

우리 지나간 발자국은
언젠가 밤하늘 별이 될 거라던 너의 말을
별이 떨어지면 꼭 찾아달라고,

바람에 젖은 네 목소리가
가시처럼 들어와

간절한 그날의 맹세
너에게 가는 길목마다
자꾸 눈물이 나

바닷가에서

가끔, 고향에 와
넓은 바다를 바라보면
내가 살아 있다는 사실이
태어나 살게 한 이유와
별반 다르지 않다는 것을 알게 된다

세월은 흘러도 바다는 변하지 않으니
내 마음은 철부지 아이처럼
마냥 여름을 기다리는데

꽃들은 연분홍으로 사라지고
잎들만 무성한 여름마저 지나가면
낙엽 지는 가을도 서둘러 오겠지

파도 한 움큼이
의미 없는 몸부림이 아닌
절박한 손짓이 될 때

청춘도 휩쓸려 지나가는 줄 몰랐다

점점 그럴 수도 있다고
파도는 매번 그침이 없다는 것을
깨닫기까지 여름 한철을
다 보내고 나서야 알게 되리

모두 떠난 바다에는
눈발이 흩날리고
일렁이는 물결은
누군가의 파도로
뜨거운 가슴을 치고 있을지도

보고 싶다는 말

보고 싶다는 말이
곧 사랑한다는 의미라면,
아, 나는 당신을 깊이 사랑하네
내가 세상 그 어디에 있더라도
달빛에 촉촉이 젖은 갈대꽃을 흔들며
하얀 강변에 물결처럼

끝없이 홀로 걷던 길 위에서
정처 없는 나그네가 그늘을 찾아가듯,
들녘에 피어난 코스모스 위에
햇살처럼 서성이네

청명한 가을 하늘 아래
세상 그 어디에서라도, 당신을 사랑하네
보고 싶다는 말이
곧 사랑을 의미한 것이라면

별똥별

첫 느낌이라고 했죠
별똥별을 보았나요
그런 감정은 선물과 같아서
잊을 수 없다고 했죠
기다리던 순간이 아니라
상상하지 못한 일이라고

현기증이거나
몽롱함이거나
안개 속에 파도소리처럼
잔잔하게 시작된 이야기가
폭포수처럼 커지고
쿵쿵거리는 심장이
가슴에서 머리로 올라오고
비단에 수놓았던 꽃들이
순식간에 활짝 피어버린 느낌

난 지금도
당신만 생각하면
별똥별이 떨어지고 있어요

제2부 노래가 된 시

돌아와 바보야

내 마음을 표현한다면
해가 지는 저녁노을 같아
붉게 물든 하늘 아래
외롭게 앉아 있는 도요새 같아

길이 보이지 않아
돌아가는 길은 낭떠러지

사랑이 변한 것이 아니야
이별을 원한 것도 아니야
더 사랑해달라고 바보야

미련이란 이름으로 남아
그대 발자취를 따라 걷는 나
멀어져도 사라지지 않는
그대의 따뜻한 손길이 남아

흩어진 바람 속에 남은 말들

가슴 깊이 묻어둔 심장의 언어
그대에게 보여주지 않았을 뿐
매일 소리내지 않았을 뿐

사랑이 변한 것이 아니야
이별을 원한 것도 아니야
더 사랑해달라고 바보야

그대 다시 돌아온다면
이 자리에서 난 기다릴게
바다를 건너 지구 한 바퀴 돌아
그대 다시 돌아온다면
뜨겁게 내 마음을 말하겠어

사랑이 변한 것이 아니야
이별을 원한 것도 아니야
더 사랑해달라고 바보야

희망에 대해

너에게로 향하는 발걸음은
아득한 꿈처럼 멀게만 느껴져

연꽃처럼 내 마음에 떠다니는 모든 것들이
소리 없이 다 무너진 것인가

열등이라는 파도에
끝없이 밀려나는 모래알처럼
더 이상 혼자서는 움직이기 어려워

너에게 가는 길, 가다가 돌아오는 길
모든 것이 무너져 내려도

터져버린 검정비닐 속에서
쏟아진 오물처럼
가끔은 널 그냥 기억해

산이 될게

더 이상 혼자가 되지 말아요
이제 더 이상 그대
외로워하지 말고 슬퍼하지도 말아요
가만히 내 손만 잡아요

초승달 산마루에 걸려 있어요
두견새처럼 울고 있었나요
별이 보고 있어요
당신을 내가 보고 있어요

달빛 숲을 달님이 빠져나가면
내 곁에 어깨를 기대고 가요
내가 넉넉한 산이 되어 줄게
따스한 품이 될 거야

차가운 밤바람 옷깃을 스쳐도
움츠리지 말아요 그대

어둠이 내려오면
내 가슴에 조용히 스며들어요

달빛 숲을 달님이 빠져나가면
내 곁에 어깨를 기대고 가요
내가 넉넉한 산이 되어 줄게
따스한 품이 될 거야

세상에 가장 아름다운 모습을 보여줘요
첫눈에 반했던 스무 살 아가씨 미소
이제 코스모스처럼 웃어요

달빛 숲을 달님이 빠져나가면
내 곁에 어깨를 기대고 가요
내가 넉넉한 산이 되어 줄게
따스한 품이 될 거야

내 가슴에 있어요
내가 옆에 있어줄게요

너를 기다려

너를 기다려, 그냥 기다려
문을 닫아도 바람은 들어왔고
커튼을 내려도 햇살이 들어와

커피를 마시며 널 기다리지 들어오는 널 기다리지
어떻게 너만 보여
문이 열리면 너만 보여 우우
너만 보여 우우

너를 생각해 그냥 생각해
거리에는 어둠이 내려와
바람이 없어도 사람들 흔들려

커피를 마시며 널 기다리지 들어오는 널 기다리지
어떻게 너만 보여 너만 보여 우우 너만 보여
문이 열리면 너 하나만 보여

어쩔 수 없는 사랑

처음 본 그날엔 몰랐었죠
당신의 뒷모습, 생각 못 했죠
그저 좋았죠, 그 모든 모습
사소한 말투도 사랑이었죠
잊는 것보다 더 사랑했죠
그게 내 마음, 어쩔 수 없죠
사랑이 변하는 걸 알고 있지만
사랑이 사라지는 건 아니랍니다

우리 인생의 그 긴 여정엔
당신 생각에 밤을 새웠죠
불같은 사랑, 긴 기다림도
이젠 모두 다 축복 같아요
잊는 것보다 더 사랑했죠
그게 내 마음, 어쩔 수 없죠
사랑이 변하는 건 알고 있지만
사랑이 사라지는 건 아니랍니다

아픈 그날도 사랑이었죠
기다림조차 참 고왔어요
우리의 순간, 하나하나가
참 고운 인생의 노래죠
사랑했던 그 시간들이여
함께 걸어온 그날들
이 생에 다시 못 올 그 여행
당신과 함께라 참 고마웠죠

보여줘

보여줘 웃어봐
세상을 빠져나와 널 보여줘
가슴을 펴고
네 이름 새긴 이름표를
가슴에 달고 씩씩하게 피어봐

보여줘 웃어봐
하늘 높게 날아 새들처럼
봄이야 벚꽃향기에 취해
한들한들 걸어봐

오래오래 생각하지 마
깊어져 가는 고민
벚꽃 아래 쌓인 마음들
그 사람 발끝에 닿을 때까지
보여줘 웃어봐

꽃길 따라 타오르는 건 뭐야
너의 약속마저 삼켜버린
봄바람이 전하는 편지
감당할 수 없으면 피어나
보여줘 웃어봐
붉은 꽃잎 위로
네 웃음소리 스며든다

흩날리는 추억이 비단처럼 쌓이면
활짝 두 팔을 벌려봐
보여줘 웃어봐
오래오래 생각하지 마
깊어져 가는 고민
벚꽃 아래 쌓인 마음들
그 사람 발끝에 닿을 때까지
보여줘 웃어봐

더 이상 감추지 말고
더 이상 감추지 말고
보여줘 웃어봐

나무도 지칠 때가 있나 봐

어깨를 짓누르는
그 치열하고 버틸 수 없는
운명 앞에 무릎을 꿇고
들이켜야 하는 절망과

산 채로 해체되는 고통과 비명
그 사슬에서 벗어나기 위해
발버둥치며 스스로 뜨겁게
불살라버린

나무도 지칠 때가 있나 봐
뿌리까지 타들어가는 밤
잿빛 하늘에 새긴 마지막 외침
날개 한쪽이 툭, 떨어졌다

흙 속에 파묻힌 발자국들
저물어가는 태양의 혓바닥이

삼켜버린 미완의 노래
잊혀진 이름이 빚은 상처론

타오른 잿더미 위에
피어난 눈동자의 숲
흔들리는 그림자조차 잠든 이 밤
끝내 내린 것은 단비일까 재일까

불살라버린 날개 한쪽이
내 발끝에 툭, 떨어졌다

사랑의 감정

어느 날,
마른기침처럼
울컥, 울컥 쏟아지는 통증이
가슴을 짓누를 때 깨달았다

널 사랑한 일을 들켜버렸을 때
너무 피어버렸다고
활짝 핀 꽃처럼 숨길 수 없었다고
이젠 네 이름이 차오른다

가을 낙엽처럼
조용히 내려앉은 그리움
한 줌의 빈 공간에
네 그림자가 스며들었다

널 사랑한 일을 들켜버렸을 때
너무 피어버렸다고

붉게 타오른 불꽃처럼 닿을 수 없다고
이젠 네 숨결이 밀려온다

왜 이렇게 아픈지 모르겠어
한 방울의 눈물도 전부 너야

널 사랑한 일을 들켜버렸을 때
너무 피어버렸다고
흩날리는 별빛처럼 담을 수 없다고
이젠 네 시간이 흘러온다

넌 거기 있어

넌 꽃처럼 서 있어 내가 갈게, 보러 갈게
아무 말 없이 슬쩍 스치는 바람으로 갈까
부드러운 햇살로 녹여줄까

향기에 취해
한 발자국씩 다가설게
거기 있어 넌
꽃처럼 귀엽게 내가 갈게, 보러 갈게

그리워지면 그리워서, 보고프면 보고파서
너의 품에 안기고 싶어
꽃잎처럼 있어 넌 거기 있어 내가 갈게, 보러 갈게

한겨울을 지나 봄이 올 때에
서로 마주 보며 피어나고 싶어 너와 함께

옷깃 스치는 부드러운 느낌

잊혀질 만하면 다시 찾아와
밤새 별처럼 반짝이던 널
가슴에 묻은 채 걸어갈게

넌 거기 있어, 내가 갈게, 보러 갈게
너의 품에 안길 거야 바람으로. 햇살로
한겨울을 지나 봄이 올 때면
서로 마주보며 피어나고 싶어 너와 함께

너의 슬픔도 눈물로 이젠 꽃잎이 되어
네 발끝에 내려앉겠지
내가 갈게, 보러 갈게 넌 거기 있어

해바라기처럼

해가 지면 내 손끝 하나도
움직일 수 없어
돌아서면 밤이 오기 전에 네 생각이 먼저 내려와
혼자선 숨 쉴 수가 없어
혼자선 걸어갈 수 없어
처음 마음 피웠던 그 자리에
해바라기처럼 우두커니
저 달빛이 내린 밤하늘에
마지막까지 널 기다릴 수밖에

구름 사이로 스며드는
너의 그림자 너무 보고 싶어
한 송이 꽃이 태양은 왜 안 될까
난 뜨거울 수 없나
시들지 않는 사랑이여
영원히 내 곁에
태양이 떠오르는 그곳에서

난 기다려

해바라기여
네 온기로 물들인
이 계절이 지나가도
끝나지 않을 이 마음
난 움직일 수 없어
손끝 하나 움직이지 못해

한 송이 눈, 한 송이 사랑

첫눈이 내리던 그날처럼
너의 눈빛도 하얗게 번졌지
발자국 하나 남기지 못한 채
사라진 계절의 끝자락에 서서
왜 이렇게 가슴이 아픈지
허허벌판 위에 난 드러눕고
차가운 손끝으로 그린 네 얼굴
눈사람처럼 녹아버릴 줄 알았어
쿵쿵거리며 내 명치 끝을 밟고
녹아 내리는데

아, 첫눈이 우릴 덮을 때
입가에 맴도는 말을 삼켰지
한 송이 눈꽃이 되어
너의 코끝에 맺히기 전에
사라진 내 사랑아

유리창에 깃털처럼 앉은 시간
너의 그림자가 스민 자국들
머뭇거리다 그냥 널 보냈다
들어오라 말도 못하고
창문 밖 세상이 하얗게 물들면
네가 떠난 빈자리가 차오르네
눈꽃이 내팽개친 우리의 마지막
발자국 소리

아, 첫눈이 우릴 덮을 때
입가에 맴도는 말을 삼켰지
한 송이 눈꽃이 되어
너의 코끝에 맺히기 전에
사라진 내 사랑아

차가운 숨결이 번진 공기 속에
네 이름을 부르는 소리만 남아

쉼 없이 퍼붓는 하얀 눈발은
이제 나를 덮어
첫눈이 내리던 그날처럼
너의 눈빛도 하얗게 번졌지

마지막 잎새

네가 떠나야 내가 떠날 수 있어
가슴으로 사랑한다고 속삭이던 말이
마른 나무 끝에서 날 울게 만들어
거리엔 찬바람이 너의 따뜻한 목소리를 삼켜가는데
너는 왜 말도 없이 날 울게 하는 거야
너는 망설이며 이별을 준비하고 있었어
떠날 거라면 더 이상 나를 기다리게 하지 마
네가 떠나야 내가 떠날 수 있어

돌아서는 너를 붙잡고 싶지 않아
뜨거운 눈물은 기대하지는 마
너에게는 잘 가라는 인사도 아까워
시간이 흘러가면 다른 계절이 올 거야
너의 자리에도 또 다른 별이 꽃처럼 내리겠지
날 기다리게 하지 마
네가 떠나야 내가 떠날 수 있어
네가 떠나야 내가 떠날 수 있어

둘이었다가

둘이었다가, 혼자가 된 사람만이 알 수 있죠
나의 그리움을, 세상 모든 웃음 속에서도
나만 새처럼 울고 있는 마음을 알 수 있죠
아아, 가슴이 뜨거워져,
꺼지지 않을 것 같아요, 노을이 사라져도
둘이었다가 홀로된 사람만이
나의 그리움을 알 수 있죠

저녁 노을이 지는데
나를 기억하던 사람이 떠나고
나는 여전히 새처럼 울고 있죠
불러봐도 돌아오지 않는 그대를 기다리며
긴 밤을 새워 우는 내 마음을 알 수 있어요
아아, 가슴이 뜨거워져,
참아도 눈물이 흘러요
노을이 져도 그날의 온기
아직도 내 곁에 남아 있네요

나를 잊은 건가요, 아니면 모른 척하나요?
이렇게 애타게 불러도, 바람만 대답하네요
아아, 시간이 멈춘 듯 아파요
노을이 져도 그날의 사랑
내 마음을 떠나지 않아요
둘이었다가, 혼자가 된 사람만이
나의 그리움을, 끝내 알 수 있죠

모른 척해주세요

모른 척해주세요
알고 계시나요
꽃잎처럼 쌓여가는 눈물
당신께 내릴 수 없다면
모른 척해주세요

꽃잎이 떨어지는 거리에
당신 얼굴이 떠오르면
터질 듯한 마음 받아줄 수 없다면
차라리 나를 모른 척해주세요

보고 싶어 찾아가도
반갑게 웃지 말아요
그리움에 달려가도
차갑게 외면해 주세요
내 품에 안기지 마세요
모른 척해주세요

아침 안개 피는 언덕
잊으려던 그 자리에
아직도 당신이 서 있네요
밤마다 잠 못 이루고
안개 속을 헤매이다
당신을 찾아간다 해도
모른 척해주세요

가질 수 없다면
모른 척해주세요
바람 따라 흘러가는
강물 같은 내 마음을
알아도 모른 척해주세요
당신을 잊게 해주세요

난 몰랐어

어느 날 봄비처럼
집 앞으로 찾아갔어
한동안 서성이다 발 아래 떨어지는 꽃잎들
그때는 몰랐어
내 안에 타오르고 있는 건
그리움이 아니라 내 욕심이라는 걸

난 몰랐어
모든 걸 다 걸어야 꽃이 피어나
모든 걸 다 태워야 꽃잎 하나 피어나는 줄 몰랐어
너의 마음이 내 안에 들어오려면
내 모든 걸 다 주어야 한다는 것을

그 창가에 달빛으로 갔어
조용히 밤을 보내며
바라보는 골목길
살며시 내 앞을 지나가는 바람들

난 몰랐어
해와 달이 바뀌고
햇살이 수없이 내려야 꽃이 피어나
눈물이 심장에 닿아야 꽃잎 하나 피어나는 줄 몰랐어
그 어떤 말보다 그 어떤 감정보다
내 모든 것을 걸어야 한다는 것을

꽃잎을 피우려면
모든 것을 다 걸어야 피어나
모든 것을 다 태워야 한다는 걸

난 몰랐어
너의 마음이 내 안에 들어오려면
내 모든 걸 다 주어야 한다는 것을

떠나지 못하는 마음

바람에 흩날리는 낙엽 소리
가슴 아픈 이별을 속삭이네
떠나야 한다 말하지 말고
그냥 조용히 돌아설 것을
냉정한 나를 용서하지 말아요

내 손 잡아주던 그 손길이 그리워서
가슴마다 종소리 울려와도
눈물을 숨겨야 하는 심정
그리워도 부르지 못하고
강 건너 강물에 실어 보내도
사랑이 변했다는 말은 믿지 말아요
내 마음은 떠나지 못한답니다

창가에 낙엽이 떨어져도
내 곁에 머물던 사랑이었지
어둠 깔린 강가에 흘러가는

추억만이 나를 붙잡아주네
그리워도 부르지 못하고
강 건너 강물에 실어 보내도
사랑이 변했다는
말은 믿지 말아요
내 마음은 떠나지 못한답니다

그토록 뜨거운 밤도
아침 이슬처럼 사라진 사랑도
가슴속에 강물이 되었답니다
떠나야 하는 나를 용서하지 말아요
사랑이 변했다는 말은 믿지 말아요
내 마음은 떠나지 못한답니다

간절한 그리움

사랑이란 누구의 편에서
더 간절한 것일까
누가 더 간절한 것일까
긴 겨울이 지나고
얼었던 강물이 풀리는데
하늘가에 산수유 피어나고
바람 속에 노랗게 춤추는데
그리움마저 감당할 수 없다면
난 어쩌란 말이냐
누가 더 간절한 것일까
누가 더 간절한 것일까

눈 감으면 목련꽃처럼
너는 나를 보며 웃는데
이 사랑 가질 수 없다면
어디에서 살아가란 말인가
누가 더 간절한 것일까

누가 더 간절한 것일까

기다림이 흩날리는 계절
이 마음조차 허락되지 않는다면
흐르는 강물에 실려가
그대 곁에 닿을 수 있을까
눈 감으면 목련꽃처럼
너는 나를 보며 웃는데
이 사랑 가질 수 없다면
어디에서 살아가란 말인가
누가 더 사랑이 간절한 것일까

너였어

가끔은 눈물이 먼저 와
소금보다 짜게 흘러나와
이 마음, 숨기지 않아
사랑이니까 보여줄게 다

약속보다 먼저였어
그 말 꺼내기도 전부터
이미 난 너였어
오래도록, 너 하나였어

지금 이 순간 너를 원해
보고 싶어 나중은 어리석어
너의 눈동자, 너의 입술
눈앞의 널 사랑해
매일 만질 수 있는 너
그게 진짜 행복이야
함께 웃고, 함께 느끼는
우리 사랑이 제일 아름다워

네가 웃을 때 세상이 가벼워
네가 날 보면 마음이 춤을 춰
죽을 만큼 그리운 건
이젠 의미 없어, 지금이 전부야

약속이 뭐가 중요해
난 이미 끝까지 갈 준비돼 있어
내가 원한 사랑은
바로 너 하나, 지금 너야

세상은 바뀌고, 시간은 가도
너와 웃는 이 순간이
내 전부가 돼

지금 여기 있는 너를
내 모든 걸로 사랑해

사랑하는 이유

어린 시절 풀꽃처럼 웃고 싶어
강가에 지는 저녁노을 발목 감길 때
모래알 같은 이야기를 하고 싶어
슬픔은 강물에 꽃잎으로 흘려보내고
아름다운 그날만 기억하고 싶어
별빛으로 하늘에 남겨두고 싶어
낡은 코트처럼 울고 싶지 않아
시집 속에 마른 꽃잎을 보았을 때
가장 먼저 당신이 생각나면 좋겠어
철따라 피고 지며 살았던 나에게
사랑이라는 선물을 주고 싶어
이제는 어린 시절 풀꽃처럼 웃고 싶어
모래알 같은 이야기를 하고 싶어

생각이 나

삼나무 숲에 아침 안개 피어나
아무도 없는 길을 혼자 걸어도
저 언덕을 넘지 못하는 강물처럼
자꾸 네가 생각이 나
안개꽃 속 장미처럼 네가 서 있어
잊어야 한다고 말을 하는데
강물에 일렁이는 너의 모습이 떠올라
눈을 감아도 안개 속에도 네가 보여
네 생각이 나

세상 어디에 있어도 너로 가득해
비가 와도 채워지지 않는 우물처럼
잊어야 한다고 말을 하는데
보고 싶어 네가 보고 싶어
어떻게 해 자꾸 네 생각이 나
안개꽃 속 장미처럼 네가 서 있어
저 언덕을 넘지 못하는 강물처럼
네 생각이 나

야생화

너는 어디에서 온 꽃이야
누가 흘린 눈물이지
비가 오는 거리를 왜 우산도 없이 걸어온 거야
왜 이렇게 작아진 거야

무슨 말이라도 들려줘
보고만 있지 말고
내 옆에서 무슨 말이라도 들려줘
나는 위로가 필요하다고
보고만 있지 말고 말을 해줘
보고만 있지 말고

어느 별에서 내려왔을까
보고 싶다고 갈 수 없어서
기다린 거니
무슨 슬픔 간직했나
그 작은 꽃잎 속에

하늘 향해 피어난
너의 여린 모습

무슨 말이라도 들려줘
보고만 있지 말고
내 옆에서 무슨 말이라도 들려줘

먼지가 아니라 조각이었어

나는 투명 인간이었지
세상에 없는 듯, 홀로 떠돌던 먼지
누군가 내게 맞는 옷을 입혀주고
바람의 숲으로 이끌고 갔을 때

나는 너의 조각이 되었어
혼자서는 아무것도 아니더라
함께 있을 때 비로소 존재하더라
너 없이는 아무 의미 없더라

바람에 흩날리는 쓸모없는 먼지처럼
외로움에 떨던 나를 감싸준 너
너의 손길에 새로 태어날 수 있었어
너와 함께 세상에 나왔을 때

나는 너의 조각이었어
혼자서는 아무것도 아니더라

함께 있을 때 비로소 존재하더라
너 없이는 아무 의미 없더라

너와 함께라면 어떤 바람도 두렵지 않아
어떤 어둠도 나를 삼킬 수 없어
너는 나의 전부, 나의 세상
너 없이는 나는 그저 먼지일 뿐

영원히 너의 일부로 남고 싶어
너와 함께 바람의 숲을 거닐고 싶어
너 없이는 아무것도 아니었던 나
이제 너와 함께 영원히

떠나지 마

떠나지 마
봄바람은 야속하게 내 맘을 흔들어
벚꽃 따라 걸었던 내 사랑도 잠깐이었어
떠나지 마 나를 떠나지 마
어느새 떨어지는 꽃잎은 이별의 눈물 같아
아, 불러도 오지 않아
흩날리는 꽃잎처럼 날아
떠나지 마 날 떠나지 마
떠나지 마
언덕에 눈부시던 햇살은 어디로 갔나
봉숭아 꽃물처럼 저녁노을 물들어
사랑도 잠깐 스쳐가는 바람이었어
아, 불러도 오지 않아
떠나지 마
흩날리는 꽃잎처럼 날아
날 떠나지 마 날 떠나지 마

그리우면

마음대로 울어도 돼
보고 싶으면, 참지 말고, 이제
눈물을 쏟아도 돼
사랑할 수 없다는 건
흐르는 강물 가로막고
홀로 깊은 어둠 속에
천천히 잠겨가는 아픔
심장이 멎을 그 순간까지
아파하고 소리쳐도 괜찮아
가슴 깊이 남은 말들
떠날 수밖에 없다면
오늘도 나를 어디로 데려가는 거야 넌
왜 날 부르는 거야
한여름 초록 끝자락에
바람처럼 네가 보여
더 이상 말할 수 없어
푸른 잎들이 무너지겠지

초저녁 빗방울에 버들강아지처럼
오늘도 날 어디로 데려가는 거야
왜 날 부르는 거야
날마다 바람이 불고
구름이 지나가는데
가끔은 소나기처럼 내려와
이제는 마음이 끓어 올라
강물처럼 멈추지 않아
그리움아, 넌 떠나지 마
너마저 내 곁을 떠나지는 마

망설이지 마

망설이지 마, 달려와
널 부르지 않아도
종려나무 끝에 스며드는
저 황금빛 노을이 지면
그 순간, 너는 나만 생각해

달려와, 숨지 말고 내게 와
달려와 노을 지면 달려와

바다를 품은 언덕 위에
작은 오두막 창가에 있을게
조용히 커피를 내리고
널 위해 그 향기로 속삭여줄게
두려워도, 그 문을 두드려줘

노을이 바다를 붉게 물들이면
내가 내린 커피를 마셔

너의 어깨 감싸 안으며
힘든 세상 모두 잊어줘

모든 섬들이 어둠에 잠길 때
파도와 심장 뛰는 소리
달콤한 말로 널 감싸 줄게
별빛 가득한 네 눈을 보며
그 밤, 널 돌려보내지 않을 거야

달려와 숨지 말고 내게 와
너의 손끝에 떨리는 그 온기
밤하늘 속 별과 부딪히고
내게 안겨 그 모든 불안을 지워
이 순간은 영원할 거야
약속할게 달려와 널 부르지 않아도
내게로 달려와
노을이 우리의 시간을 멈추면

내 사랑을 담은 커피로 널 채워

지친 마음도, 슬픈 꿈들도
내 품 안에서 다 녹아내려
돌아가지 마, 저 별빛이 사라질 때까지
이 밤을, 내 사랑을 받아줘

사랑이라는 강

저녁이면, 지친 하루 끝에 난 또 아파와
며칠째야, 내 앞에 흐르는 강물, 난 건너지 못해
서성일 뿐이야
매일 밤, 나 혼자 쌓아 놓은 다리에
누군가 발자국을 남겨, 밤마다 강물이 넘쳐
숨이 막혀와도 내 심장은 너에게로 자꾸 자맥질해
널 만나는 것보다, 널 가지는 것보다 이 솟구치는 감정
자꾸 흐르는 눈물. 이 고독한 강을, 건너고 싶어

너 없는 하루가 너무 길어서
난 그리움 속을 떠다녀, 나뭇잎처럼 떠다녀
어디쯤일까, 너에게 가야 하는 뜨거운 강
나는 아직도 널 붙들지 못해
너에게 가는 날을 기다려

이 깊은 강물, 가슴으로 건널 거야
밤마다 강물이 넘쳐, 숨이 막혀와도

내 심장은 너에게로 자꾸 떠다녀
아무리 멀어도 네가 있는 곳으로 건널 거야
그곳이 내 마지막이라면 난 후회 없을 거야
밤마다 강물이 넘쳐 두려워도 나는 끝까지 난 건널 거야

제3부 어느 날, 별이 된 이야기

배웅

아들아, 잘 가라, 툭, 어깨를 쳤다
짧은 '네' 소리가 길었으면 좋으련만
감추어진 소리는 마음으로 듣는다

아들을 보면
낡은 사진첩 속 젊은 날의 나를 본다

낙타처럼 굽은 아버지의 등,
해 뜨고 구름 지는 길 위를
성큼성큼, 앞서 걷는 뒷모습이 보였다

그랬었지,
손바닥 같은 논을 지킨다면서
자전거에 삽자루 싣고 떠나던 당신
도열병처럼 그리운 이유가 무엇인가

잘 있거라, 장항선 열차가 울음을 터뜨리고

아버지의 한숨이 철로 따라 내 등에 새겨졌다

아버지가 기억이 나지 않는다 기억이
뒤돌아봐도, 아버지 모습은 없고
그 자리에, 반백의 사내가 아들을 보내며
묵묵히 서 있을 뿐

그냥 말하지 않아도 다 알 수 있다는 듯이

첫사랑이 있었다

겨울이 눈을 잊지 못하듯
사람마다 잊히지 않는 사랑이 있다
그해에는 이유 없이 가을이 깊었다
소년은 매일 첫눈을 기다리는 아이였고
그때마다 두근거림으로 어느 소녀가 떠올랐다
철이 들 때 비로소 아프게 시작되는 것
소년이 사랑에 빠졌다고 믿었을 때 외로움을 알았다
기다림 속에서 피어나는 들꽃처럼
새싹 같은 사랑은 단숨에 이루어질 수 없었다
허락되지 않는 고백에 울었고
장미에 가시가 돋는 이유로 스스로를 위로했다
들풀처럼 바람에 헐떡이던 지난 상처들
그 소년은 가끔씩 도깨비풀처럼
첫사랑의 치맛자락 끝에 붙어 혼자 웃고 있다
그리움을 현실에 만나지 않는다면
순정만화 주인공으로 끝내 살아남을 것이다

치매

나의 기억은 어제가 없어
더듬어 볼수록 가시에 찔리는 통증처럼
관절이 굳어가는 것보다 아파

벽지 틈에서 피어나는 곰팡이처럼
무언가를 찾으려다
내가 먼저 지워지고 말지

잿더미에서 매일 깨어나는 것 같아

신이여
이 사랑은, 다 가져가지 마소서

선운사禪雲寺 동백

숲을 흔들며
샛바람처럼 살다 가신다

시베리아 눈바람에 맞서
장작불처럼 타오르다
눈물도 없이 누워 계신다

몰아치던 천둥비에
두려워 말라시더니

꽃잎으로 계곡을 채우고
꽃잎으로 기와 날개 물들이며
털쌘구름처럼 떠나가신다

사랑한다, 잘 있어라, 미안하다
선운사 타종소리에 일렁이며 가신다

눈물

그대를 저녁노을강에
살며시 놓아주고
가슴 설레던 인연의 끈마저
잘 가라 그대 손에 쥐여 주고
강변에 앉아 혼자 울었습니다
바람이 불어서 울고
꽃잎이 날려 울고
끝끝내 무서워서 울었습니다
처음부터 내 눈물이
내 것이 아닌 것처럼

사무실에서

사무실에 비추는 햇살이
가끔 내 책상 위에 놓일 때가 있습니다

아무리 정리해도
지워내려 해도 더 눈부셔 오는 것이

꼭 그대 같습니다

저녁노을

아무 말 없이
내 등 뒤에서
살며시 나를 밀었다

걸을 때마다
자꾸 너의 그림자가
발끝에 걸리고

낡은 골목 끝에는
항상 그리움이 먼저 와서
나를 기다리고 있었다

"오늘은 잘 보냈어?"
"바쁠까 봐 전화도 못했어"

헌화獻花

양철 지붕 위로
빗소리 툭툭 떨어지는 마루에서
울타리 탱자가시처럼 청춘을 보냈다

한여름 멋대로 들풀처럼 성장하던 그날은
목적도 없는 하루살이 가난한 날갯짓으로
동네 뚝방길에서 보냈다

이른 아침,
손수레를 이끌고 장터에 간 어머니가
비가 내리는 날에도 끝까지 남아 있었기에
일용할 양식이 밥상 위에 놓여 있었다

그리운 어머니여,
당신이 계신 수목장 모퉁이에 햇볕은
바람 부는 날에도 머물러 있겠지요

쓸쓸함이 두렵고 미안함이 힘들어

가끔씩, 가짜꽃 한 아름에
달콤한 믹스 커피 한 잔 따라주고
혼자 자랑질 하는 아들은 어떻게 생각하시나

벚꽃이 피는 길

벚꽃이
피어난 길

울엄마가
지나가던 길

꽃상여처럼
아프게도 피었네

봄비 오는 길

꽃잎들이
눈물처럼 내리는 길

울엄마 얼굴이
자꾸 가슴에 떨어져

끝까지
걸어가지 못한 길

돋보기안경

요즘 눈이 침침하고
가까운 글씨가 잘 안 보여
동네 안경점에 갔다

시력 검사는 하지 않고
나이를 묻더니 안경 하나를 써보란다

너무 잘 보였다
내 나이에 내 눈이 정상이란다

미련에 대해

커피에 설탕을 넣어도
커피에 얼음을 넣어도
마음이 떠나면 다 싫은 거지

답장이 없어도
답장을 받아도
관심이 없으면 다 귀찮은 거지

어둠 속에도
눈을 감아도
자꾸 생각나면
떠나지 마

아무리 작은 꽃이라도
햇살이 들어오면 빛나거든

바람이 분다고

꽃이 다 떨어지는 건 아니야

지나가고 나면
뿌리가 깊어지거든

강물처럼

울지 마, 누구나 아플 때가 있어
문득 잠 못 이루고
따뜻한 방 한 켠에 홀로 앉아 있어도

흔들리는 나무가 별을 낳았듯이
외로움이 있어야 더 단단해지거든

힘들 때가 있어
어깨 위로 쌓인 무게들
속도를 가지려면 비워버려

괜찮아
지나가는 모든 날들이
강물처럼 흐르는 것은 아니야
쉬어 가는 거야
돌아가는 거야
상처 하나에 침몰하지 않고

내 손을 잡아줘

내 마음은 지금
하얀 새벽 안개야
길을 잃었어

조금만 손을 내밀어
내 손을 잡아줘

저녁노을보다 붉고
은하수처럼 빛나던 열정은
비에 젖은 가을 낙엽이야
내 안에 켜켜이 쌓여 가

어느새 파란 하늘이
강물처럼 흘러갔어

방전된 하루가
견인되기를 기다리는 것처럼

널 기다렸나 봐

조금만 손을 내밀어
내 손을 잡아줘

길을 잃어도 그리움은 멈추지 않아

너를 생각하면
난 아무것도 할 수 없었어

마치 깊은 계곡 구름이 흘러가듯
그림자처럼 내 마음도 따라갔지

그것이 사랑인지 몰랐던 시절,
말하지 못하는 꽃들이
길가에서 흔들릴 때
한 번도 그 이름을 찾지 않았어

너를 만나면서
사랑이 목숨을 이길 수 있다고 믿었지

마치 천국의 문을 발견한 것처럼
세상에는 너 아니면 벼랑 끝 지옥
항상 마지막처럼 사랑했어

몰핀 같은 그날들이 지나갔지만
잊지 마, 아직도 너를 향해 걷고 있어

모든 새들이 외로워서 울고
붉은 꽃들이 노을처럼 떨어져도
기억해, 길을 잃어도
그리움은 멈추지 않아

함부로 사랑한다고 말하지 마라

함부로 사랑한다고 말하지 마라
그 고백이 어쩌면, 그대가 돌아갈 길을
비탈지게 하고, 무너지게 할지 모른다

함부로 잊는다고 말하지 마라
사랑의 꽃잎이 다 진 그 자리에
주렁주렁 더 큰 그리움이 열릴지 모른다

사랑도, 이별도, 만질 수 없는 것
그냥 서로 마주하며
마지막까지 묵묵하게 함께 걷고 웃고 울고 위로해라

눈물을 가져가라

해와 달이 지나가는 자리에
그리움만 남아 있네

아무리 밀어내고 달아나도
떠나지 못하네

멈추지 않는
이 뜨거움을 제발 가져가라

그대가 쌓아놓은
이 눈물을 가져가라

맺음말

사랑과 이별

우리는 살아가면서 수많은 만남을 경험하고, 그만큼 다양한 이별을 마주합니다. 뜨겁게 사랑했던 연인과의 헤어짐, 늘 곁을 지켜주던 부모님과의 작별, 품 안의 자녀가 홀로 설 준비를 마치고 떠나는 독립, 오랜 시간을 함께한 친구와 알게 모르게 생기는 거리감, 간절히 원하고 집착했던 목표를 포기해야 하는 순간, 그리고 누구에게나 찾아올 삶의 마지막 순간까지. 이 모든 이별은 우리 삶의 자연스러운 일부입니다. 만남이 있기에 이별도 존재하죠.

이별이라는 단어는 때로는 우리에게 두려움과 상실감을 안겨줍니다. 그리움에 사무치거나 때로는 지나간 시간에 대한 후회로 마음이 아프기도 하죠. 특히 맹목적으로 달려왔던 목표를 놓아야 할 때는 마치 나 자신을 잃어버린 듯한 공허함에 빠지기도 합니다. 이 중에서도 가장 깊은 상처를 남기는 이별은 아마도 사랑했던 사람에게서 오는 배신과 이별일 겁니다. 모든 것을 믿고 의지했던 상대에게서 오는 실망감은 단순히 관계의 끝을 넘어 우리의 신뢰와 자존감마저 흔들어 놓을 수 있죠. 이런 이별이 자주 일어나는 이유는 복합적입니다. 사람 관계는 언제나 변하기 마련이고, 서로의 기대치가 어긋나거나 소통의 부재가 쌓이면서 오해가 깊어지기도 합니다. 때로는 상대방의 진심이 변하거나, 예측할 수 없는 상황들이 개입하면서 배신감으로 이어지는 경우도 있죠. 우리의 복잡한 감정과 불완전한 소통 방식이 사랑이라는 이름 아래 상처를 남기기도 하는 겁니다.

하지만 이별은 단순히 무언가의 끝을 의미하는 것이 아닙니다. 오히려 새로운 시작을 알리는 또 다른 문이 될 수도 있습니다.

아픔을 넘어 성장을 선물하는 이별

이별은 우리에게 아픔만큼이나 성장을 선물합니다. 연

인과의 이별은 새로운 사랑을 만날 기회를 가져다주고, 부모님과의 이별은 우리 스스로 삶의 무게를 감당하고 설 수 있는 힘을 길러줍니다. 자녀의 독립은 때로는 섭섭함으로 다가오지만, 이내 자녀의 성장을 대견해하고 자랑스러워하는 마음으로 변하죠. 친구와의 거리가 멀어지는 것은 새로운 인연을 맺을 용기를 주기도 합니다.

그리고 간절히 원했던 목표를 포기하는 이별은 좌절처럼 느껴지지만, 사실은 더 넓은 세상의 가능성을 보게 하고 새로운 길을 찾아 나설 용기를 줍니다. 이는 더 이상 불가능한 것에 얽매이지 않고, 진정으로 자신에게 맞는 길을 발견할 기회가 되기도 하죠. 특히 배신감으로 얼룩진 이별은 우리를 더욱 성숙하게 만듭니다. 그 아픔을 통해 우리는 사람에 대한 이해의 폭을 넓히고, 스스로를 보호하는 방법을 배우며, 진정한 사랑과 신뢰의 의미를 다시금 깨닫게 됩니다. 비록 쓰디쓴 경험이지만, 이별을 통해 우리는 더 단단하고 현명한 사람이 될 수 있습니다. 오스카 와일드는 "세상은 모든 이별의 아픔을 통해 자신을 깨닫는다"고 말했습니다. 이처럼 이별은 우리를 더 단단하고 지혜로운 사람으로 만들어주는 소중한 과정입니다.

마지막으로 삶의 이별은 우리가 살아온 시간을 겸허히 돌아보게 하고, 남겨진 사람들에게 깊은 울림과 교훈을 전해줍니다. 칼릴 지브란은 그의 시에서 "이별은 사랑이 알 수 있는 모든 것을 말해준다"고 노래했습니다. 결국 이별은 관계의 끝이 아니라 새로운 이해와 성숙의 시작을 의미하는 것이죠.

친구처럼 다가오는 이별

이제 이별을 조금은 다르게, 마치 친구처럼 대해보는 건 어떨까요? 때로는 서운하고 아쉽지만, 결국 서로의 행복을 진심으로 빌어주며 각자의 새로운 길을 응원해줄 수 있는 그런 친구 말입니다. 만남이 있기에 이별도 존재하듯이, 이별 또한 삶의 자연스러운 순리임을 받아들일 때 우리는 비로소 그 속박에서 벗어나 진정한 평온을 찾을 수 있을 겁니다. 알베르 카뮈는 "이별은 우리가 서로에게서 배운 모든 것을 기억하는 방식이다"라고 말했습니다. 이별은 단순히 끝이 아니라, 그동안의 모든 배움과 경험을 내포하고 있는 소중한 순간입니다.

사랑하고, 이별하고, 또다시 사랑하며 살아가는 우리

의 삶 속에서 모든 이별이 더 이상 두렵게 느껴지지 않기를 바랍니다.

시
평

「사랑은 변하지만 사라지는 건 아니다」를 읽고

귀가 순해지는 낭만의 언저리에서

최대규 시인

 1983년 여름, 그때만 해도 학교에서 동아리를 만드는 일은 불법이어서 학교에 걸리면 학생과에 끌려가 주리를 틀곤 했다. 그럼에도 불구하고 무슨 용기, 혹은 누구의 선도인지는 몰라도, 코흘리개들은 너나 할 것 없이 문학 동아리를 만드는 일에 서로의 생각을 실었으며, 작으나마 현실에서 오는 괴로움을 벗어나기 위한 문학 동아리 활동에 열정을 쏟곤 했다. 그게 우리들의 초선의 놀이 활동이었다. 강동구 시인과의 인연은 그 언저리로 기억된다.

 『사랑은 변하지만 사라지는 건 아니다』를 받아 읽었을 때의 느낌은, 왠지 이순의 나이가 들어서도 낭만이 넘치나 싶고, 젊어지나 싶어, 더러는 떨리고 더러는 감격스러웠다. 마음이야 때를 가려 울렁거림이 달리 있겠냐만, 시절이 시절인 만큼, 또 우리네 나이를 감안하더라도 이리 말캉말캉거리는 마음을 얻기는 쉽지 않은 것이니, 별, 그리움, 기다림, 사랑, 이별, 첫눈 등의 시어에서 젊은 날의 상큼함을 돌아보게 했다.

또한 시에서 사용하는 시어들의 유기적 상관성들을 볼 때도, 시적 화자의 본능이 충실하고 솔직하며 담백하게 제시되고 있다. 우리네 삶도 이와 같이 솔직하고 담백해지기를 기대해 본다.

> 그녀와/ 헝클어지고 싶다
>
> 사랑 듬뿍/ 동동주 한 잔
>
> 세상 눈을 가리고
>
> 단둘이/ 인생이라는/ 짧은 무대 위에
>
> 각본도 없이
>
> 달빛에/ 하얀 속살/ 부끄럽지 않게
>
> [메밀꽃이 달빛을 만났을 때]

삶의 모티브는 가족이다. 특히 전통 사회를 살아온 우리는 부모와의 시대, 사회적 관계 회복이 필요하다. 새로운 시대로 전환하는 과정에서, 죽은 자와의 화해든 살아있는 자와의 화해든 정리가 필요한 것이다. 이러한 관점에서 볼 때,

  아들아, 잘 가라, 툭, 어깨를 쳤다

  짧은 '네' 소리가 길었으면 좋으련만

  감춰진 소리는 마음으로 듣는다

  //아들을 보면

  낡은 사진첩 속 젊은 날의 나를 본다

  //낙타처럼 굽은 아버지의 등,

  해 뜨고 구름 지는 길 위를

  성큼성큼, 앞서 걷는 뒷모습이 보였다

  (중략)

  그냥 말하지 않아도 다 알 수 있다는 듯이

              [배웅]

이렇듯 아버지와 시적 화자, 또 그 아들이 그냥 말하지 않아도 다 알 수 있듯이 서로의 등을 어루만지면 화해를 시도하고 있는 것이다. 참으로 다행이다.

어머니와의 화해는 다른 방식으로 나타난다. 어머니에게는 늘 미안하고 죄송할 따름이다. 이는 인간 내면에 흐르는 관념일 수도 있고, 시인의 개별적 심성일 수도 있다.

> 벚꽃이/ 피어나는 길
>
> 울엄마가/ 지나가던 길
>
> 꽃상여처럼/ 아프게도 피었네
>
> 봄비 오는 길
>
> 꽃잎들이 눈물처럼 내리는 길
>
> 울엄마 얼굴이/ 자꾸 가슴에 떨어져
>
> 끝까지/ 걸어가지 못한 길
>
> [벚꽃이 피는 길]

나의 벗, 강동구 시인의 두 번째 시집 『사랑은 변하지만 사라지는 건 아니다』 출간을 축하하며, 강 시인의 시가 온 세상을 따뜻하게 치유하기를 바란다.

「사랑은 변하지만 사라지는 건 아니다」를 읽고

시, 누군가의 마음을 건너는 길

이상원 경천초 교장

시에 대한 나의 이해력은 어설프다. 잘 모르고, 한 마디로 감이 없다. 끝까지 한 번에 읽히면 좋은 시이고, 하나의 감정이라도 통하면 내겐 좋은 시다.

친구의 시를 읽노라니, 중학교 시절부터 알아 온 친구의 모습과 사뭇 다른 면모가 곳곳에서 느껴져 어색함을 감출 수 없다. 곰곰이 생각해보니, 내가 예전부터 알았던 친구의 내면에 많은 업그레이드가 이루어진 탓인 걸 깨달았다.

하긴, 한 사람의 지나온 마음의 여정을 어찌 타인이 다 알 수 있겠는가. 친구라도, 가족이라도 마찬가지리라.

모든 시가 비 오는 날, 처마에 앉아 기타 치며 부르는 사랑 노래로 들렸다. 반복되면서 계속 메아리처럼 들려오는 낱말이 있었다. 그건 바로 '울음'이었다.

  그 울음의 시각적 번역인 눈물이 보인다. 분노에 찬 눈물이 아니고, 두려움의 눈물도 아니다. 상황을 받아들이고 고독을 아름다움으로 승화시키는 눈물. 그래서 모든 연애편지 같은 사랑의 시에서 측은하지만 아름다운 공감이 오간다.

  고향 대천 바닷가를 보고 아버지를 떠올리고, 지나온 힘든 시기를 노래하는 대목은 여전히 마음속 기둥은 고향이구나 싶었다. 여전히 그 옛날, 철없던 학창 시절의 향수를 자극해 아련하면서도 반가웠다. 내가 시를 논할 전문성은 없지만, 친구의 내면의 소리를 깊이 있게 들을 수 있어서 나는 정말 좋았다. 그리고 군인 신분에서 사회로 나와 사업을 하며 자수성가한 사회인이 이런 감성을 가지고 살아간다는 면에서, 박수를 치고 말았다.

「사랑은 변하지만 사라지는 건 아니다」를 읽고

음표로 쓴 그리움, 시로 피어나 별이 되다

조성기 국립공주대학 음대교수, 사범대학 교육연수원장

친구에게서 전화가 왔다.
그동안 조용히 쉬면서 시를 썼고, 이것들을 모아서 시집을 내려 한다고….

………

보내준 pdf 파일을 열고 시를 읽어 내려갔다. 예전 시집, 1집과는 많이 다른 정서를 느낄 수 있었다. 우선 시어들이 많이 부드러웠고 아름다웠다. 상투적인 흐름이나 표현보다는 깊은 생각과 여운을 남기는 시들이었다. 마치 과실나무에 잘 익은 과일들이 제각각 주렁주렁 열려 있는 것 같은 인상을 주었다.

이 친구도 이성적으로 그리고 감성적으로 많이 성숙해

지고 있구나! 속으로 중얼거리며 친근한 감정이 일어났다. 노래로 만들어 부르면 좋을 것 같은데…. 각 시를 읽는 중 음악적 모티브를 상상하며 악상이 떠오르기도 하였다.

악보로 옮긴 시 중 한 편을 실어 본다.

어느 날, 별이 된 이야기

강동구 시
조성기 곡

「사랑은 변하지만 사라지는 건 아니다」를 읽고

사랑과 그리움이 가야금처럼 울리다

이명희 경기 명창

시를 읽고 있는데, 어느 순간부터
가슴 깊은 곳에서 가락이 울리기 시작했습니다.
말이 노래가 되었고, 문장이 선율처럼 흘렀습니다.

강동구 시인의 시는
어느 순간 노래의 한 대목 같고,
가야금 줄 위에 손을 얹고 농현하는 것 같았습니다.
사랑과 이별, 그리움의 정한을 꾹꾹 눌러 담고 있었습니다.

누군가를 보내고 누군가를 그리워하며 세월 속에 묻힌 마음의 울음을 시인의 언어는 고요히 그러나 절절히 꺼내어 놓습니다.
그리고 소리처럼, 진혼처럼, 위로처럼 스며들었습니다.
"꽃잎이 눈물처럼 내리는 길"이라는 구절에선

가야금 선율이 심금을 울렸고,

"옷깃 사이 손등을 스치는 바람처럼 인사도 없이"
그냥 지나더라도 한 번쯤은 꼭 너에게 가리라"
라는 첫사랑을 그리워하는 대목에선
사랑이 변하지만 사라지는 건 아니라는 마음이 길게
남았습니다.

이 시집의 시들은 하나 하나가 노랫말 같았습니다.
한 편 한 편이 사랑의 소리요, 이별의 정가이며
그리움을 토닥이는 자장가 같은 시입니다.

말보다 진한 울림은 그리움이고,
그리움이 깊어질수록 그것은 곧 노래가 된다는 사실을
다시금 깨달았습니다.

강동구 시인의 시는
단지 읽는 시가 아니라 마음으로 듣는 노래입니다.
그의 시가 오랫동안 사람들 가슴속에서
가야금의 여운처럼 노래처럼 남기를 바랍니다.